F. FERTIAULT

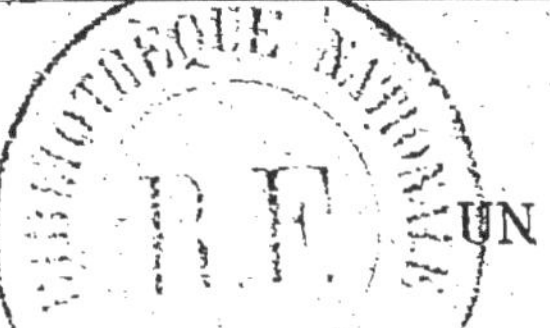

UN

FEU DE JOIE

DE LA St-JEAN

CROQUIS RUSTIQUE

SAINT-QUENTIN

IMPRIMERIE CHARLES POETTE

19, RUE CROIX-BELLE-PORTE, 19

1870

UN FEU DE JOIE

DE LA St-JEAN

F. FERTIAULT

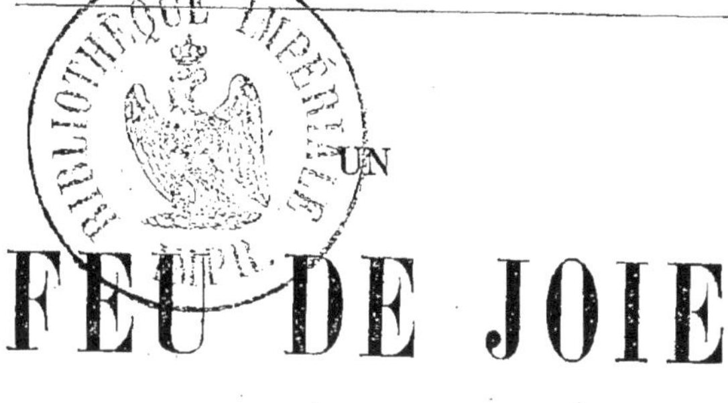

UN

FEU DE JOIE

DE LA St-JEAN

CROQUIS RUSTIQUE

— ✳ —

SAINT-QUENTIN

IMPRIMERIE CHARLES POETTE

19, RUE CROIX-BELLE-PORTE, 19

—

1870

UN FEU DE JOIE
DE LA St-JEAN

CROQUIS RUSTIQUE

PAR F. FERTIAULT

I

Nous avons devant nous la longue rue d'un village. La nuit tombe. On est au commencement de mai.

Mai, le mois joyeux, le mois des oiseaux, des fleurs et des amours, le vrai réveil de la nature. Il semble qu'à ce moment tout doive sourire...

Tout le monde ne sourit pas pourtant !

Voyez donc, de l'autre côté de la haie, ce jeune gars qui passe dans le sentier.

Il rentre, portant ses outils sur son épaule. Il marche lentement, la tête baissée, et sans avoir trop conscience du chemin qu'il fait.

Une lourde préoccupation doit l'absorber ; le mouvement de ses lèvres, qui s'agitent de temps en temps, prouve qu'il se parle à lui-même ; des gestes qui lui échappent confirmeraient au besoin cette supposition.

Il va ainsi pendant quelques minutes, dépassant successivement les modestes habitations qui bordent le chemin, et ne s'en apercevant guère..

Tout-à-coup, il entend courir derrière lui. Quoique précipités, les pas sont légers. Cette course allait le faire retourner, lorsqu'il sent une main se poser sur son épaule :

— C'est toi, Joseph ?

Joseph s'est déjà retourné. Un frisson l'a parcouru tout entier. Il contemple une belle jeunesse, émue, qui met sa main dans les siennes, le regarde aussi avec des yeux profonds, et semble, par sa simple interrogation, avoir soulevé une question immense.

— Oui, Nicolle, c'est moi, répond-il.

Et, pour l'instant, il n'a pas en lui d'en dire davantage.

— Tu rentres ? reprend, un peu après, la subite interlocutrice.

— Oui, je vas du côté de la maison.

— Ne leur dis pas que tu m'as vue.

— Non.

— Ou plutôt... si, dis-leur...

Un profond soupir coupe la parole de la jeune fille.

— Que veux-tu que je leur dise, chère enfant ? reprend le jeune homme, étonné.

— Dis-leur que tu m'as rencontrée ; que je ne suis point une méchante amoureuse ; que je n'ai pas dans le cœur le désir de lutter contre eux ;... que je t'aime, enfin...

— Eh ben ! tu pleures ?

— Non, non, répond la jeune fille, en essuyant promptement ses yeux ; non...

— Et... qu'est-ce qu'il faut leur dire ?

— Que, te voyant triste, à cause de moi, je ne veux pas que ça dure ; que je ne veux surtout pas être un empêchement à ton bonheur.

— O Nicolle ! ma bonne petite Nicolle ! ne te presse pas tant de dire tout ça ! Si tu m'aimes, tu sais ben que je t'aime aussi.

— Je ne doute pas de toi, Joseph ; mais ton père, qui a des écus, ne peut pas entendre parler de notre mariage. Encore une fois, je ne veux rien qui le contrarie. Qu'il suive son idée ; moi, j'ai la mienne. Laisse-moi me retirer... Je te rends ta parole.

— Je ne la reprends pas si vite ; et, puisque tu me montres tant de dévouement, je leur parlerai de toi, chez nous... mais pas pour leur dire que tu fais de moi un amoureux libre...

— Quoi, alors ?

— Je leur dirai le contraire ; que tu mé-

rites tout leur attachement, et que j'ai besoin de toi pour être heureux. Tu crois
donc, pardienne ! qu'on laisse comme ça
sa gentille bonne amie ?.. Que non ! que
non ! Quand je t'ai choisie, j'ai ben su ce
que je faisais : pour la conduite, je n'ai pas
à en parler... c'est pur et clair comme de
l'eau de roche ; maintenant, pour la mine,
sais-tu, Nicolle, qu'y en a pas beaucoup de
plus jolie que toi, ce qui veut dire que tu
l'es diantrement. Et, ma foi, je te réponds
que j'y tiens.

— Tu me trouves jolie, Joseph ?

— Sarpedieu ! ma mignonne, je le crois !
ça n'est pas à demander.

Nicolle, franche et naïve, ne rougissait
pas trop. Elle plongeait amoureusement
ses yeux dans ceux du jeune homme,
croyant ce qu'il disait et ne s'en étonnant
point.

— J'en suis bien heureuse, Joseph, puisque ça te plaît.

— Ça plairait à ben d'autres. Tu as une
fraîcheur, sais-tu... On dirait que tu t'es
lavé les joues avec de l'eau de Pâques.

A ces derniers mots, Nicolle rougit.
Joseph s'en aperçoit.

— Eh ben ! qu'as-tu ? lui demanda-t-il.

— Tu devines tout, lui dit-elle gentiment.

— Quoi donc ?

— C'est qu'en songeant à toi, mon bon ami, j'ai...

— Achève.

— J'ai essayé du moyen.

Joseph sourit.

— Comment, coquette, tu as ?...

— Oui, le jour de Pâques.

— Voilà un moyen inutile !...

— Une bonne demi-heure avant le lever du soleil, j'ai pris le petit sentier qui mène à la rivière, et tout doucement j'y ai puisé, dans un pot neuf, de l'eau, dont je me suis servie, en rentrant, pour me baigner les joues.

— Et tu crois que ça y a fait quelque chose ?

— Il le faut bien, puisque tu me trouves si à ton goût.

— Enfant !... Est-ce que tu n'étais pas aussi jolie, aussi fraîche auparavant ! Je n'avais pas attendu à Pâques pour distinguer ton teint... et je m'y connais. C'est pour ça, comme je te l'ai dit tout-à-l'heure, que j'y tiens... et que j'y tiens si ben que je ne veux pas qu'un autre embrasse ta jolie figure.

— Joseph, répond Nicolle, avec une fermeté pleine d'effusion et en revenant à son sentiment sérieux, retiens bien ceci : aucun autre n'en aura jamais le droit. Je serai ta femme, si je peux l'être sans te faire de peine... ou je reste fille.

Joseph, touché, serre vivement la main de la fillette, qui reprend :

— Va le dire à ton père. Qu'il se rassure ; je ne deviendrai pas sa bru par force.

— Je le ferai consentir, Nicolle, ou j'aurai ben du guignon.

— Dieu veuille réaliser ton espérance.

— Veux-tu la consacrer ?

— Comment ?

— Laisse-moi t'embrasser.

— Embrasse-moi, Joseph ; je te le permets dans la pureté de mon cœur.

Et le baiser est pris, sonore, parce que c'est la coutume des lèvres rustiques d'avoir l'air pour confident, mais tendre et religieux, parce qu'il est un gage aussi solennel que sincère.

Après cette consécration de leur plus cher espoir, les deux amoureux se séparent. Nicolle regagne la maisonnette d'où elle est sortie au galop pour joindre un instant son ami ; Joseph poursuit, toujours lentement, sa route dans la direction de la ferme paternelle.

Souhaitons leur le bonsoir en remerciment de leur touchante idylle.

II

Joseph est le fils du vieux Claude, et Claude est un riche fermier, point méchant du tout, mais qui, en fait d'union, n'entend pas voir son fils déroger : il veut que sa bru apporte une bonne dot; sinon, non. Le mariage, pour lui, le bonhomme, n'est encore qu'un marché fournissant de l'argent aux affaires et une servante active au ménage.

Ce n'est déjà plus ainsi que l'entend Joseph ; mais Joseph a un vif attachement pour son vieux père, et il ne veut rien obtenir que de son bon gré.

Ballotté entre deux affections différentes, mais également fortes, il patiente, il temporise, il souffre, et ne se console par instant qu'en espérant à la fin faire consentir papa Claude.

Y a-t-il chance que le vieux consente ? Qu'on juge. Voici le bilan de l'espérée de Joseph :

D'une part, Nicolle est sage et travailleuse. Elle est la perle des jeunesses de l'endroit. C'est quelque chose que cet avoir moral, mais c'est tout son avoir.

D'une autre part, Nicolle, orpheline, est

née d'une famille pauvre. Recueillie par une sœur de sa mère, elle utilise son habileté à l'aiguille, et va de temps en temps coudre à la journée chez les personnes qui veulent bien l'occuper. Elle se fait aimer par tous pour sa ponctualité et son humeur. Le vieux Claude lui-même l'aime bien... mais pas pour sa belle-fille. La réalisation de l'espoir de Joseph ne semble pas, avec cela, très prochaine.

Quelques jours se passent sans que les amoureux se voient. Les affections les plus vives ont parfois des silences.

Joseph vaque tristement à ses travaux. Nicolle répond aux demandes de ses pratiques, ou travaille chez sa tante avec une jeune fille qui vient près d'elle comme apprentie.

Le caractère de Nicolle avait charmé Mariette, et les deux ouvrières étaient devenues deux amies.

Sans la grave préoccupation de Nicolle, sans la douleur qu'elle ressentait dans sa résignation, les jours se fussent écoulés doux et heureux pour elle en compagnie de son élève, tandis qu'avec la peine qu'elle éprouve, elle n'a pu faire de Mariette que la confidente de ses tristesses.

Un soir, en finissant une robe après le souper, elles causaient des difficultés de la position.

— Eh bien ! chère Nicolle, rien ne s'ar-

range donc ? Le vieux père Claude ne veut
toujours pas consentir ?

— Non, ma bonne Mariette. Je ne le vois
que trop ; je dois renoncer à tout espoir.
Dans ce pauvre monde, rien ne va à notre
guise, et il faut apprendre à vivre avec son
mal. J'entrevoyais là mon bonheur... Il ne
m'arrivera pas !

— Mais, puisque Joseph voudrait bien ?

— Il n'est pas seul à vouloir, et je me
donnerai bien garde, moi, de le soulever
contre son père. Autant j'aurais été heureuse d'être acceptée par eux tous, autant
je souffrirais de m'introduire violemment
dans la famille. Je saurai me résigner, et,
plus tard, pour me consoler, je pourrai
toujours me dire que Joseph m'a aimée.

— Vous aimera-t-il ainsi toujours ?

— Ah !... chère enfant !...

— Croyez-vous qu'il ne se mariera pas
avec une autre ?

— Mariette !

— Il faut voir le fond des choses.

— Si je le jugeais d'après moi, je pourrais te répondre que non ; mais, enfin,
qu'il soit forcé de prendre une autre femme,
Nicolle ne lui en restera pas moins fidèle.
Il a déjà lutté, il luttera encore... et ça lui
est pénible. Quand même il ne réussirait
pas, est-ce qu'il ne faudrait point lui en savoir gré ?... Oh ! si, ma bonne Mariette ;

quoi qu'il arrive, je reste à lui. Il m'a prise pour fiancée. Je n'ai plus d'autre amour à chercher.

— Quand j'entends une promise parler comme ça, chère mam'selle Nicolle, je me demande ce que l'amoureux a fait pour qu'un obstacle vienne empêcher l'union ? Est-ce possible qu'un mariage comme serait le vôtre n'entre pas dans les vues de Dieu ?... Mais vous seriez le modèle des ménages ; on n'aurait qu'à vous citer, et ce serait une bénédiction rien que de vous connaître... Oh ! non, mam'selle, je ne peux croire qu'un si bel arrangement ne se fasse pas ?

— Le Ciel est le maître, mon enfant. Il me semble parfois qu'il y a, dans ce monde, deux unions : l'union des âmes et l'union des corps. Pour la première, elle existe déjà entre Joseph et moi... Quant à la seconde, je te le répète, le ciel est le maître ! Ou elle se fera, et j'en serai dans la joie ; ou elle ne se fera pas, et je suivrai religieusement ma route, comme veuve de mon ami.

— O ma bonne maîtresse, vous méritez trop d'être heureuse pour que le bonheur ne vous vienne pas... J'ai comme un pressentiment qui me dit...

— Quoi ?

— Que tout ira mieux que vous ne pensez.

— Un bon cœur a toujours de bons pressentiments. Je te remercie du tien ; mais je n'augure pas si bien que toi de ces choses. Je ne vois rien qui puisse me rapprocher du vieux Claude, et, au point où nous en sommes, il sera toujours inexorable.. Je n'ai pas de quoi devenir sa belle-fille.

Les deux amies en étaient là de leur conversation, lorsqu'un tumulte se fait entendre dans la rue. Une bande passe devant la fenêtre, envahit les rues avoisinantes, grandit, grossit, et finit par remplir la petite localité.

— Qu'est-ce ? qu'est-ce ?... Qu'y a-t-il ?.. demande-t-on de toutes parts.

Et on crie, on court, on se bouscule.

— Au feu ! Au feu ! entend-on de plusieurs côtés dans la foule.

Et la foule se précipite, compacte, officieuse, empressée, et cherchant l'endroit précis où la flamme sinistre vient de luire.

— Où est-ce ? Où donc ça brûle-t-il ?

— Mais, dit quelqu'un du milieu d'un groupe, ça a l'air d'être chez le vieux père Claude.

— As-tu entendu, Mariette ? s'écria subitement Nicolle. Il y a le feu, et c'est chez le père de Joseph !

— Oui, c'est bien ce qu'on vient de dire.

— Reste ici tranquille, ma fille. Travaille,

si tu peux... moi, je reviens... tout-à-
l'heure.

— Cela veut dire que vous sortez ?

— Oui, attends-moi.

Et Nicolle sort en courant, et se mêle
aux masses, qu'elle active et dépasse.

III

Celui qui venait de donner l'alarme ne s'était point beaucoup trompé : si l'incendie ne se développait pas précisément chez le père Claude, c'était chez son voisin le plus proche, et, pour tous deux, on pouvait craindre les plus grands dangers.

Le village — car le village se trouve déjà presque tout réuni — lutte activement contre les progrès du fléau. Chacun y va de bon cœur ; on se multiplie, et soins et efforts arrivent, à un moment donné, à circonscrire et maîtriser la flamme.

On commence bientôt à ne plus avoir d'appréhensions pour le voisinage. Mais, pour les deux maisons atteintes, on n'est pas tout-à-fait aussi rassuré.

Des portes d'en bas, sort à tourbillons, une fumée épaisse ; des fenêtres, dont les vitres brisées tombent, s'échappent des baguettes de feu qui lèchent et noircissent les murailles...

On est plein d'anxiété pour les habitants.

Tout-à-coup, la foule éprouve un soulagement immense ; un cri de joie, de joie relative, s'élance même des poitrines : Claude, sa femme, ses enfants et son voi-

sin viennent de franchir chambres enta-
mées et couloirs étouffants, et apparaissent
pas trop maltraités sur le pavé de la rue.

Tout en continuant de travailler à étein-
dre le feu, dont on diminue beaucoup l'ar-
deur et les ravages, on adresse des félici-
tations aux deux familles... Les incendiés
sont sauvés, et l'on espère sauver après
eux une assez bonne partie de leurs meu-
bles.

— Allons, allons, voisins, ne vous cha-
grinez pas...

— Il n'y a pas si grand mal encore...

— Vous en serez quittes pour deux murs
lézardés et des ustensiles brûlés !

— Le principal est que vous soyez sains
et saufs...

Mais on n'avait pas fini de donner ces
premiers témoignages de sympathie, qu'un
nouveau cri se fait entendre, non pas un
cri qui rassure, mais un cri navrant, déses-
péré, et comme seule en peut pousser une
mère.

— Et Catherine ?... ma petite Catherine?

C'est la mère de Joseph qui, comptant
ses enfants, ne trouve pas sa dernière.

— Dieu du ciel... ma Catherine !... où
est-elle?... Mais elle est restée !... elle
brûle !... Courez donc !... courez donc !...
Ah ! je...

La pauvre mère suffoque, a un éblouis-

sement... et s'affaisse. La voilà, tombant
évanouie, qui ne peut aller au secours de
sa fille. —

Sa fille, sa Catherine, est une petite fillette de cinq à six ans, qui, en effet, n'est
point descendue avec les autres. Un obstacle, tison ou fumée, l'aura empêchée
de passer... et elle n'a pu sortir!

Il n'y a cependant pas de temps à perdre, et les plus hardis hésitent.

— J'irais ben, dit un brave garçon ; mais
je me cuirai... sans la sauver.

— Tout brûle, tout craque, reprend un
autre. Pauvre petite ! dire qu'elle va...

— Mon Dieu ! mon Dieu ! que c'est donc
dommage !...

— Oh ! malheur !

— Pauvre mère !

— Dans quelle chambre est-elle ? demanda soudain une voix jeune et énergi-
que, dominant toutes ces voix découra-
gées.

— Au premier, sur la cour, répond
Claude, en soutenant sa femme qui ne re-
vient point encore à elle.

Et, d'un bond, une personne franchit le
seuil et s'élance dans l'escalier.

Elle a passé comme un éclair. A peine
l'a-t-on assez aperçue pour savoir si c'est
un homme ou une femme... On croit pourtant avoir vu flotter une robe.

Des hourras frénétiques encouragent le sauveteur.

— Bravo ! bravo !...

— Dieu va t'aider !...

— Tu la sauveras !...

D'une autre part :

— Grand Dieu ! une poutre qui tombe !..

— Où se trouvent-ils maintenant ?

— Sont-ils atteints ?...

— Vont-ils revenir ?

Cette anxiété ne doit pas durer longtemps.

La porte du bas tombe ; mais elle tombe pour livrer de nouveau passage à la vision de tout-à-l'heure.

Une femme, une jeune fille, dirait-on, apparaît, — la robe brûlée, les cheveux roussis, les mains noires, — tenant dans ses bras une enfant.

Elle court droit au groupe où l'on soigne la mère évanouie.

— Tenez, dame Claude, voilà Catherine.

Elle dépose l'enfant entre vingt bras tendus pour la recevoir... et elle se sauve.

Elle disparaît comme elle était apparue, ne laissant qu'une odeur de poutre enfumée...

C'était le parfum de sa bonne action.

— Qui est-elle ? se demanda-t-on.

— Mais... c'est drôle, je n'ai pas vu sa figure...

— Ni moi...

— Ni moi non plus...

— Comment ça se fait-il ?

— Elle s'est pourtant assez approchée de nous.

— Oui...

— Ça n'empêche pas, reprend le premier interlocuteur, que je n'ai pas vu sa figure.

— Eh bien ! moi, je ne l'ai pas vue davantage... mais j'ai plus de nez que vous tous.

— Bah ! tu sais qui ?...

— Pardienne ! je l'ai bien reconnue à sa tournure.

— Qui que c'est, alors ? demanda avec vivacité le père Claude.

Sa femme commençait à se trouver mieux, et elle avait déjà conscience que sa Catherine était sauvée, qu'elle la sentait à côté d'elle.

— Qui que c'est donc ? redemanda-t-il.

— Une brave fille, allez ! Et c'est bien dommage que Joseph soit occupé ailleurs...

— A cause que ça serait dommage ?

— A cause qu'il serait content de sa conduite.

— Mais enfin, qui donc ?

— C'est Nicolle, quoi !

— Ah !...

2

Claude reste là, sur ce cri. Bras pendants, bouche ouverte ; pour le moment, il n'en peut dire plus long.

Mais, si la surprise l'a rendu muet, la joie lui a bientôt délié la langue.

— Ah ! c'est Nicolle !... Eh bien ! ajoute-t-il, d'un ton tout simple et qui n'en est pas moins solennel ; eh bien ! ma « brave fille, » c'est moi qui te le dis, tu peux laisser Joseph te faire la cour. Il n'est pas là, mais dès qu'il va revenir, je le lui dirai...

L'émotion l'interrompt un instant.

— Je vous prends tous à témoins, continue-t-il, que j'autorise Joseph à demander Nicolle en mariage. Celle qui a sauvé ma fille peut épouser mon fils.

— C'est bien, ça, père Claude ! Dans votre malheur, vous venez d'avoir un grand bonheur, et vous allez faire deux heureux...

— Le bon Dieu bénira la chose...

— Et le ménage prospérera.

— Là-dessus, prévenez vite les deux futurs. Bientôt il n'y aura plus qu'eux qui ne sauront rien de votre bonne parole.

— Ça sera fait, et sans tarder.

IV

Claude, en effet, eut bientôt donné connaissance de sa récente résolution aux deux parties intéressées.

Pour Joseph, — qu'il rejoignit au détour de la maison, où celui-ci, en fils actif, avait dirigé un des groupes du sauvetage, — ce fut l'affaire d'un instant. Quant à Nicolle, — qu'on n'avait pu saisir et qui était si rapidement rentrée à son logis, — il dépêcha vivement un de ses gars chez elle pour lui annoncer la bonne nouvelle.

Mais cette nouvelle, qui, en tout temps, était de nature à la rendre si heureuse, elle ne l'avait point reçue : Mariette, l'apprentie, ne l'avait point transmise à Nicolle, qui, la pauvre fille, n'était arrivée en courant que pour se mettre au lit.

En traversant la flamme pour sauver la fille de Claude... ou peut-être mieux la sœur de Joseph, Nicolle a été brûlée douloureusement et de façon à inspirer des craintes. Le médecin lui à donné les premiers soins, a recommandé le plus grand repos et surtout défendu toute émotion vive.

Mariette sentait trop juste pour ne pas garder pour elle, jusqu'à nouvel ordre, ce qui eût remué sa malade à la faire mourir de joie.

— Dès qu'on pourra venir la voir, a dit le médecin, je vous en préviendrai ; et alors Joseph, à sa première visite, lui apprendra lui-même ce qu'autorise le père Claude.

Il n'y avait pas de danger que la jeune gardienne forçât la consigne. De sa ponctualité dépendait la santé de sa chère maîtresse, et pour la lui rendre, elle eût, sans broncher, donné la sienne.

Pendant plusieurs jours, Nicolle eut une forte fièvre, dont plusieurs accès d'une grande gravité. Le repos le plus absolu lui était toujours nécessaire... La consigne n'était pas encore levée.

Un jour cependant la fièvre tomba. Le mieux revenait à grands pas à cette jeune nature, et le docteur laissa entrevoir à Mariette le moment, assez proche, où il pourrait accorder à sa pauvre alitée la permission si douloureusement attendue.

Ce moment vint enfin.

— Vous savez, chère enfant, dit le bon vieux docteur à Nicolle, vous savez que Joseph grille de vous voir, d'autant plus que je l'ai fait attendre. Je n'ai pas à vous apprendre qu'il vous aime ; mais lui, à titre d'amoureux, pourra bien être plus habile que moi... et vous apprendre quelque chose... Espérez, chère petite !

— Eh ! quoi, mon Dieu ? demande mélancoliquement la malade.

— Je ne saurais trop vous le dire. Vous verrez… mais l'espoir n'est jamais défendu. La joie ne peut plus vous faire de mal ; faites venir Joseph quand vous voudrez… Seulement, vous savez, pas de lumière vive.

Là-dessus, le docteur se retire. Il avait jugé nécessaire ce petit mot vague de préparation, transition bien naïve, mais suffisante à l'esprit de Nicolle.

Dès qu'il est sorti.

— Mariette ! appelle aussitôt l'impatiente jeune fille.

Mariette, qui n'est jamais loin, répond aussitôt :

— Eh bien ! chère maîtresse, il faut le prévenir, n'est-ce pas ?

— Oui.

Puis, se reprenant, après un moment de silence :

— Dis donc, Mariette ?

— Mam'selle ?

— S'il allait deviner la permission ?

— Et arriver sans qu'on lui fasse signe ?.. Je comprends, ça serait gentil. Mais il ne faut pas en vouloir trop, mam'selle Nicolle.. et, voyez-vous, pour Joseph, ça me semble difficile qu'il apparaisse comme ça juste à point nommé…

— Ce que je dis là, c'est pour rire, bonne Mariette... je m'essaie à plaisanter un peu pour chasser ma tristesse... Je ne veux pas, tu comprends, le recevoir de mauvaise humeur.

— D'autant plus qu'il peut vous apporter une bonne nouvelle.

— Oh ! laquelle ?... il peut m'être reconnaissant de ce que j'ai sauvé sa sœur...

— Quand personne n'osait le faire.

— Devoir d'humanité dont je n'attends aucune récompense...

— Et qui en mérite pourtant bien !... Enfin, mam'selle, espérez au moins que vous pourrez l'obtenir ; nous verrons si l'espoir a raison.

— L'espoir !... l'espoir !... Le docteur et toi vous ne cessez de me parler d'espoir... Vous vous êtes donné le mot pour m'encourager ?...

— Non, c'est tout bonnement une idée...

— Qui fait preuve d'affection. Je suis déjà bien heureuse d'être affectionnée et secourue par vous deux... Des soins pareils aident forcément à guérir.

— On dit que le dévouement « guérit. » Si c'est vrai, mam'selle Nicolle, dans peu vous vous porterez bien.

— Et, tout-à-l'heure, je niais ma récompense !... Dieu merci ! deux cœurs comme les vôtres...

— Il en faut un troisième qui les primera tous.

— Si tu allais l'avertir, Mariette ?

— J'y songeais, je change de tablier, et je cours... Mais...

Mariette s'interrompit par la force de la surprise.

— Quoi donc? demanda la malade.

— Ah ! par exemple ! je n'en reviens pas. Voilà que vous êtes sorcière, mam'selle Nicolle...

— Hein ?

— Oui, oui! voilà votre pressentiment qui se réalise...

— Parle donc, Mariette.

— C'est tout simple, il a deviné...

— Qui?

— Lui.

— Vrai ?

— Bien vrai!... Voilà Joseph ! !

V

Et, en effet, à la vitre de la petite fenêtre, Joseph apparaît..

Il arrive d'un pas pressé et joyeux. Le contentement est toujours allègre.

Deux secondes, et il entre.

— Bonjour, Mariette ! fit-il.

— Bonjour, monsieur Joseph !

— Je viens remercier ta maîtresse.

— Elle allait justement vous envoyer chercher.

— On m'a prévenu que je pouvais venir..

— Qui ça?

— Le médecin, M. Dufour, qui sort d'ici tout-à-l'heure.

— Ah ! le brave homme !

— Eh ben ! où donc qu'est Nicolle?

— Dans son lit, blottie derrière ses rideaux.

— Toujours?

— Mon Dieu, oui.

— Comme ça, je ne pourrai guère la voir ?...

— Pas trop...

— Mais tu pourras me parler, Joseph, crie du fond de son alcôve l'impatiente malade.

— Ah! tant mieux! ma bonne Nicolle ; sans ça, je serais ben malheureux.

— Pourquoi ?

— Parce que je ne pourrais pas t'annoncer la bonne nouvelle.

— Tu as donc vraiment une bonne nouvelle à m'annoncer ?

— Je le crois.

— Dis vite, alors.

— Ça ne sera pas long : la conversion du père Claude.

— Est-ce possible ?

— Oui, ma bonne Nicolle ; depuis que tu as remis notre chère petite Catherine entre les bras de sa mère...

— Après ?

— Le vieux père a mis une fière goutte d'eau dans son vin.

— Et ?...

— Et il m'autorise à te faire ma cour.

— Tout de bon, mon ami ?

— Si ben tout de bon que j'arrive pour te le dire, et que ça soit chose arrangée.

— Ah ! merci, Joseph ! mon Dieu merci !... Tiens, vois-tu, tu me troubles tellement de joie, que tu me fais remercier le bon Dieu en second.

— Il te le pardonne, j'en suis sûr. Qu'est-ce qu'il ne pardonnerait pas à un être bon comme toi !... O Nicolle, quelle brave fille

tu es ! Quelle courageuse femme tu vas
être ! et quelle bonne mère ensuite!... N'y
a-t-il pas là une vraie bénédiction du ménage, et ne vais-je point avoir tous mes
camarades pour jaloux?... Ah ! ma Nicolle !... ma gentille petite Nicolle !...

— Mon bon Joseph !...

— Sapristi ! je suis joliment vexé, tout
de même, que tu sois toujours cachée !

— Prends patience.

— Et tout ça, voyons, quand ça va-t-il
pouvoir se réaliser?... Comment vas-tu,
Nicolle? Que dit le médecin? Quand te
lèves-tu?... et quand nous marierons-
nous?...

— Mon bon Joseph, maintenant que la
permission du vieux Claude est donnée, le
plus fort est fait. Nous sommes sûrs
l'un de l'autre... Prends patience, te dis-
je... En même temps que moi, le beau
temps va se lever pour nous, et bientôt,
j'espère.

— Que tu as dû souffrir, ma bonne petite
Nicolle ! Quand j'y pense...

— Je ne m'en souviens guère, et laisse-
moi guérir... Je ne m'en souviendrai plus.

— Sais-tu que ce que tu as fait, des hommes avaient reculé à le faire ?

— Des indifférents, ça n'est jamais bien
fort ; mais la moindre raison qu'on ait dans
le cœur, ça vous donne tout de suite du

courage... Et l'on est, alors, bon à quelque chose.

— Oui, à sauter à travers les maisons qui brûlent pour en rapporter un enfant à sa mère...

— Ah ! Joseph, si ce n'était la cause de notre union prochaine, je te prierais de ne plus en parler.

— Pour ça, je ne t'écouterais pas, Nicolle. J'ai ce tableau devant les yeux comme si j'y avais été. Je te vois, chère enfant, t'élancer, chercher Catherine, être vingt fois sur le point d'étouffer... et, à travers feu et fumée, revenir nous déposer la fillette... et te sauver.

— Je n'avais pas de temps à perdre ; il fallait bien rentrer.

— Atteinte comme tu l'étais, mordue par la flamme, ta robe à moitié brûlée, oui, tu devais rentrer vite... Seulement, le pouvais-tu ? Comment as-tu fait ?

— J'étais si heureuse d'avoir réussi !

— Bonne et chère fille !... Mais sais-tu que je trouve dur de ne pouvoir te regarder... Ah ! ma mie ! quand je me rappelle notre baiser du sentier, en mai dernier, il me prend des envies de tirer les rideaux, et...

— S'il ne faut que ça pour te rendre heureux, mon pauvre Joseph, c'est bien facile. En mai, je t'ai laissé faire ; tu le peux encore mieux maintenant. Ouvre les

rideaux ; j'avance ma tête... et embrasse-
moi !

Tout radieux, Joseph lève le bras, fait
glisser fiévreusement les anneaux sur la
tringle, tend les lèvres, et se dispose à les
plonger dans l'ombre de l'alcôve.

Mais de l'ombre de l'alcôve surgissait
déjà la figure de Nicolle...

Le regard de Joseph la rencontre...

Mais, Dieu du ciel ! qu'est-ce que cette
rencontre a donc de si fatal ?...

Subitement l'élan du jeune gars s'arrête.
Le baiser si espéré, si attendu, le baiser
que le promis brûlait de donner, ce baiser
reste en suspens...

— Eh bien ! Joseph ? demanda la jeune
fille, interdite, effrayée.

— Eh ben !... Nicolle... répond l'amoureux déconcerté et qui, après ces deux
mots, garde un inexplicable silence.

Tout en s'efforçant de paraître affec-
tueux, il se contente de prendre la main de
la pauvre enfant.

— Joseph ! reprend impétueusement la
promise, que se passe-t-il en toi !... Tu me
supplies. Je me soulève, souffrante, pour
que tu m'embrasses... et tu me laisses !...

Mais Joseph reste-là, lui tenant toujours
la main, immobile et comme pétrifié. Il se
retirait d'elle, pour ainsi dire. Le buste de
côté, il ne la regardait plus.

Qu'est-ce donc ?...

Ah ! les cœurs fragiles !... le voici, ce que c'est :

La flamme, — indifférente au dévouement, — a touché la figure de Nicolle.

Nicolle, oubliant toute recommandation, fait un effort, se soulève, atteint le petit miroir pendu au mur... et pousse un cri :

— Je suis laide !...

Et elle appuie sa main sur ses yeux comme pour se dérober sa vue à elle-même.

— Je suis laide ! reprend-elle sombrement ; je suis à jamais défigurée !... Je n'y avais pas pensé... Ah !... Joseph, je te comprends.

Elle retire sa main de la main du jeune homme.

— Laisse-moi me recoucher, lui dit-elle.

Joseph veut parler. Un sanglot seul sort de sa poitrine.

— Retourne à ton père, continue la pauvre fille, et dis-lui qu'il peut se consoler de son sacrifice... il n'a plus à l'accomplir.

VI

Il serait parfaitement inutile de chercher à dépeindre la douleur de Nicolle. Dédaignée au moment même où son courage lui conquérait son amoureux, l'ex-promise de Joseph est frappée au cœur.

Tantôt elle essaie de ne point croire à son malheur, tantôt elle s'y plonge aveuglément, toute entière.

Arriver à un incident qui détourne Joseph, qui l'arrache à son amour, ce n'est point un simple chagrin pour elle ; son bonheur y tient, sa vie s'y trouve en jeu, et il y a gros à parier qu'elle ne songera pas à se soustraire à cette fatale influence.

— Oh ! se dit-elle parfois, comment donc aiment les hommes, et qu'est-ce donc qu'ils aiment en nous ? Joseph ne voyait que moi sur la terre ; il luttait contre sa famille pour m'obtenir ; il aurait fait l'impossible pour m'épouser ;... et maintenant que son père a consenti, parce que — en sauvant sa sœur — j'ai perdu ma beauté, voilà qu'un morceau de glace a fondu sur son cœur.... et que je ne compte plus pour rien dans son existence !... Oh ! c'est bien la fin de la mienne. Indifférente à Joseph, je n'ai plus de raison de vivre... Dieu me viendra en aide pour m'envoyer à lui.

Après avoir de la sorte retourné en elle ses tristes idées, elle prenait souvent Mariette pour confidente, et recommençait avec cette amie dévouée les éternelles péripéties de son irremédiable chagrin.

Quelque grande, quelque vive que soit la douleur, elle trouve toujours un apaisement à s'épancher dans une bonne âme, et quelquefois, Nicolle réussissait à s'apaiser ainsi, — ne fût-ce que pour un moment.

Un jour, elle avait goûté cette consolation plus longtemps que de coutume. Les douces paroles de Mariette l'avaient gagnée, et cette dernière, croyant à un commencement de guérison, se sentait heureuse.

— Oh ! mam'selle, disait-elle à Nicolle, vous faites bien. Vous ne vous laissez plus tant abattre ; votre esprit se calme... et vous allez mieux. J'aime mieux vous voir aussi résignée. Votre mal diminue, et j'espère vous voir guérir.

Mariette ne remarquait pas une profonde préoccupation de Nicolle, et quand Nicolle lui répondit :

— Oh ! oui, je guérirai bientôt !

L'amie ne sentit pas ce qu'il y avait de mélancolique et d'amer dans cette courte réponse.

Elle était bien fine cependant ; mais son amitié, cette fois, faussait son point de vue ; elle s'illusionnait par la force même de son affection.

— Ah ! mais, dites donc, mam'selle Nicolle, s'écrie tout à coup l'excellente fille,
voilà un moyen de se désennuyer un peu. J'y
songe, et je vous y fais songer.

— Quoi donc ?

— C'est demain le 23.

— Eh bien ?

— Le 23... vous ne savez plus ?... On
voit joliment que votre pauvre tête est
troublée !... Le 23 ? mais c'est le *Loup vert*.

— C'est juste.

— Et vous ne pensez donc plus à une
autre chose ?

— Encore ?

— Oui... Non, non, reprend-elle vivement. Ça ne doit pas vous faire plaisir.

— Qu'est-ce, Mariette ?

— Pardine ! Joseph qui est le *Loup*.

A ce mot, Nicolle concentra une forte
émotion. Je crois même qu'elle réussit à
ne laisser rien apercevoir.

— Pourquoi penses-tu , Mariette, que
cela ne doive pas... me faire plaisir ?

— Je ne sais pas, mam'selle ; il me sem-
blait...

— Tu te trompes, mon enfant ; je tiens
à voir Joseph dans son rôle de *Loup vert*.
Je me rendrai chez Jeanne, qui demeure
sur la place... Veux-tu m'y accompagner ?

A cette proposition, Mariette ne voit pas

le moindre obstacle. Au contraire, elle se dit que Nicolle abonde dans son sens, et elle se réjouit de cette concession faite à ses instances par sa triste amie.

— Oh ! que oui, mam'selle.

— Je te remercie, Mariette. Alors tu te tiendras prête. Nous partirons à temps pour ne rien perdre de la cérémonie... Surtout je veux bien voir le feu de joie.

— Qui, dit-on, sera brillant.

— Je le désire d'autant mieux.

— Vous serez parfaitement placée pour ça. Chère demoiselle, ah ! que je suis donc contente de votre bonne résolution !... Vous verrez que ça vous changera l'humeur et que vous...

— Je suis près de penser comme toi, ma fille, et je te sais gré de m'avoir donné l'idée de ce spectacle.

— Il vous fera diversion.

— Il me guérira, Mariette. Je t'assure qu'après la fête, je serai guérie.

— Tant mieux ! et je m'en applaudirai. Je viens vous prendre demain vers la bonne heure.

Et les deux amies se séparèrent, chacune comptant sur l'autre pour le lendemain, — et Mariette jubilait d'avoir presque trouvé le moyen de rendre un peu de tranquillité d'esprit à sa pauvre maîtresse.

VII

Nous voici au 23 juin. La cérémonie va commencer.

Tout a un air de fête dans le village, que remplit un va et vient inaccoutumé.

Des jeunes gens sortent de tous les côtés, et se groupent, affublés d'un chaperon qui porte l'image de Saint-Jean ; ils se rangent en procession, croix et bannière en tête : c'est la confrérie de Saint Jean-Baptiste.

Ce corps, joyeux et turbulent, et très préoccupé d'idées dévotieuses, se dirige vers la demeure de Joseph, qui est le *Loup vert* de l'année.

Joseph, qui les attendait, se revêt de sa houppelande verte, se coiffe de son bonnet pointu, et, fort enrubanné, se met à la tête des confrères.

Une gaie fusillade annonce la mise en marche.

La bande s'avance au bruit des sonnettes qu'agite un jeune homme en surplis et dont le tintement alterne avec la lente mélopée de l'hymne de Saint-Jean, — ce fameux *Ut queant laxis* dont les syllabes initiales de la première strophe ont servi de marraines aux notes de notre gamme.

On se rend ainsi à un endroit spéciale-
ment désigné, en face de ruines célèbres.

Alors, c'est un feu roulant de pétards qui
avertissent M. le curé, et M. le curé vient
à la rencontre de la procession... un peu
singulière et bariolée.

Nouveaux coups de feu quand il arrive,
autres coups de feu quand il part, condui-
sant la bande à l'église.

Au seuil du temple, explosions générales,
énergiques et multipliées.

On entre; mais on chante vêpres, attendu
que les préliminaires ont pris toute la ma-
tinée. L'officiant ne les prolonge pas, et,
après l'office, la troupe entière, dont l'ap-
pétit est aiguisé, retourne, toujours avec
croix et bannière, chez le *Loup*.

Là, un repas, tout en maigre, mais co-
pieux et alléchant, attend les confrères, et
l'on festoye largement jusqu'à la fin du
jour.

Dès que le jour tombe, on prépare et on
allume un feu de joie.

C'est ce feu de joie que tient à ne pas
manquer la pauvre Nicolle. Pourquoi?...
Voir Joseph en faire le tour en *Loup vert*,
est-ce pour elle une consolation?.... La
douleur a ses bizarreries.

Accompagnée de sa fidèle Mariette, Nicolle s'est rendue chez une amie commune,
qui demeure sur la place même où le bûcher s'élève et doit flamber.

Douce, mais peu causeuse, elle est restée devant la fenêtre une bonne partie de la journée, et elle a suivi les marches et contre-marches de la cérémonie, et il serait faux de dire qu'elle n'y a point prêté attention. Au contraire, tout a eu l'air de l'intéresser, et, quoique sérieuse, elle s'est édifiée sur les moindres détails de cette fête singulière.

Le soir vient. La nuit tombante est le signal attendu. Un jeune garçon et une jeune fille, prodigieusement parés de fleurs et de rubans, saisissent chacun une torche et mettent le feu aux branchages glissés çà et là pour amorcer la flamme.

Les ordonnateurs de la fête se connaissent en bois sec, et les grosses bûches ne tardent pas à répondre aux premières caresses des petites branches. Tout crépite, la flamme monte, et les ténèbres d'alentour se faisant, le cône de feu commence à prendre sa valeur lumineuse : la place et les façades des maisons sont vivement éclairées.

A ce moment, au tintement des cloches et toujours au chant de l'*Ut queant,* la procession, grossie d'une grande partie des habitants, arrive près du bûcher. Les confrères s'y disposent en cercle, et la foule s'échelonne derrière eux.

Là, on entonne le *Te Deum,* et, le *Te Deum* terminé, on reprend encore l'hymne de Saint-Jean.

Le *Loup*, en costume, se détache alors de la troupe. Il adresse une très courte allocution aux confrères, puis tous se prennent par la main et forment une longue file qui s'élance, tourne et court après celui qui sera le *Loup vert* de l'année suivante.

Vous n'avez pas oublié que c'est Joseph qui est le *Loup*.

Pendant qu'il court et qu'il tourne, Nicolle se tient toujours immobile et silencieuse devant les vitres illuminées.

Mariette la regarde et a l'air de se demander pourquoi sa maîtresse a tant désiré venir, car elle ne voit pas que la fête lui apporte une bien grande distraction.

— Mam'selle, lui dit-elle affectueusement, comme vous êtes songeuse !... Est-ce que j'aurais mal fait de vous conseiller de venir ici?

— Non, ma bonne Mariette, au contraire.

— C'est qu'il se pourrait que de voir cet oublieux de Joseph ça vous fasse de la peine?

— Ni lui ni d'autres ne peuvent m'en faire plus que je n'en ai.

— Bon. Mais pourquoi vous en causer vous-même autant, même moins?

— J'ai voulu venir.. et j'en suis satisfaite.

— Tout ça vous intéresse, alors?

— Oui, surtout ce bûcher, qui est très beau. Quel jet ! quelle flamme et comme il...

Elle s'arrête, Mariette complète sa pensée.

— En effet, on n'a pas besoin de lampe ; il nous éclaire de belle façon. C'est bien baptisé, ça, un feu de joie.

— Tu trouves ?

— Ma foi oui, mam'selle. Voyez comme tout le monde est content et galope autour.

— C'est vrai, répond Nicolle, mais d'un air si peu convaincu que Mariette, instinctivement, cherche à fortifier l'enthousiasme.

— Tenez ! tenez ! s'écrie-t-elle, voilà Joseph lui-même qui court. Ah ! ils ont enfin attrapé le *Loup* de l'an prochain. Regardez donc ! quatre ou cinq des plus forts le montent sur leurs épaules et l'apportent à grands pas tout près du bûcher.

Nicolle semble appliquer son regard vers la flamme, dont elle savoure l'intensité.

— Ah ! mais reprend Mariette, étonnée, qu'est-ce qu'ils font là ?... Ah ! mon Dieu !.. ils vont le jeter dans le feu ?

En effet, les porteurs du futur *Loup* font semblant de le jeter dans les flammes ; mais ils s'en tiennent, par bonheur, à cette fausse alerte, et reconsolident fraternellement sur leurs épaules la victime pour rire.

Au premier élan de ce jeu, Mariette avait tressailli de frayeur. Nicolle, elle, ne quittait pas des yeux le bûcher, n'avait paru éprouver aucun tressaillement. Comment ! elle, si bonne, ne pas sourciller quand elle croit que le foyer va dévorer quelqu'un !

Et, de plus en plus, elle s'identifie avec ce spectacle, qui atteint en ce moment à son dernier degré de pittoresque.

Croix et bannière sont encore là, de même que tout le personnel de l'association pieuse ; mais il n'y a ni bannière ni croix qui tiennent ; la fête doit aller jusqu'au bout.

Un des anciens du pays se détache de la foule. Le ménétrier, au violon discord, le suit et se campe à sa gauche.

Aussitôt, accompagné par le crin-crin, le vieux entonne les paroles suivantes, qui ne sont plus cette fois l'*hymne*, mais bien la *ronde* de Saint-Jean, ce qui diffère :

> Voici la Saint-Jean,
> L'heureuse journée,
> Que nos amoureux
> Vont à l'assemblée :
> Marchons, joli cœur,
> La lune est levée...

A chaque couplet, la foule entière répète bruyamment le refrain. Six couplets composent d'ordinaire cette ronde, assez vive ; mais suivant les besoins de la circonstance, la foule sait toujours en ajouter d'autres, et les autres ne sont jamais les plus édifiants.

Les chants finis, le tumulte est comble. On tourne jusqu'à l'ivresse autour de ce feu clair, et ceux de la fête qui doivent retourner chez le *Loup* pour souper, se donnent, en guise d'apéritif, une véritable indigestion de ronde.

— Quel bruit! dit Mariette.

— La joie, répond Nicolle, est souvent bruyante.

— Alors, mam'selle, aujourd'hui vous n'êtes pas précisément joyeuse?

— Pas à la façon de ces braves gens. Mais, sois en sûre, j'éprouve une satisfaction intérieure.

— Ah!...

— Oui, chère Mariette.

— C'est drôle! à vous voir, j'aurais volontiers pensé tout le contraire.

— Il y a peut-être du contraire aussi.

— Tout mêlé, comme ça? Hum! je crois que c'est « le contraire » qui domine.

— Retiens ton jugement. A juger trop vite, tu sais qu'on se trompe.

— A preuve que je ne me trompe pas, mam'selle Nicolle, c'est que, tenez... là... vous allez pleurer.

Et, en effet, Nicolle laisse échapper une larme, en même temps que ce cri :

— Pas un mot, pas un regard! Pendant toute la journée, n'avoir pas deviné que j'étais là à le guetter, à le suivre des yeux.

— Comme je m'en doutais, que vous n'étiez pas si contente!

— Oh! c'est bien fini, va... Il m'a bien effacée de son cœur! Après cela, que veux-tu, ma pauvre Mariette? Ce n'est pas tant

de sa faute. Quand il m'a aimée, j'étais
jolie ; à présent, je suis laide.

— Un homme qui aime ne doit pas ar-
rêter son regard à la figure.

— Nombre d'amoureux ne vont guère
plus loin, et Joseph, je le vois, est un de
ceux-là.

— Ça vous semble?

— Et à toi aussi. Peux-tu comprendre un
pareil délaissement ?

— Oh ! mam'selle, que vous feriez donc
bien mieux de chercher à vous en « guérir, » comme vous m'avez déjà dit.

— Pour en guérir, Mariette, j'en guérirai... et plus tôt que tu ne penses.

— Vrai, vous trouverez ce courage en vous?

— Certainement.

— Tant mieux ! Mais pourquoi rajustez-
vous votre fichu ? Vous sortez ?

— Oui, je veux voir de plus près ce feu,
ce feu clair, qui a été pour tous un symbole
de joie, et qui, dans ma tristesse, m'attire.
Il ne durera pas toute la nuit. Viens, Mariette, en faire le tour avant que le reste du
bûcher s'écroule.

Les deux amies sortent. Elles se rendent
auprès du foyer.

La foule s'est presque entièrement re-
tirée. Les retardataires sont des enfants
qui s'amusent à jeter dans le feu des bran-
chettes qu'ils trouvent sous leurs pieds.

— Ils font bien, ces petits, dit Nicolle ;
ça alimente la flamme.

— N'empêche pas, reprend Mariette, que
ceux qui veulent s'en donner la vue doivent
se dépêcher.

— Pourquoi ?

— Parce qu'il ne tardera pas à s'effondrer.

— Tu crois ?

— Tout me le fait croire.

— Approchons-nous, Mariette.

— Vous désirez voir l'éboulement ?

— Oui, j'y tiens.

— Pas de trop près pourtant : ça brûle
fort.

— Ça guérit.

— Mam'selle, avec quel air vous me dites ce mot !

Et la jeune fille, étonnée, regarde Nicolle
qui, elle, ne détache plus ses regards du
colossal foyer.

Un phénomène étrange paraît se pro-
duire dans son esprit. Elle s'absorbe, se
concentre de plus en plus. Elle est certainement sous l'influence d'une idée fixe,
sous le charme d'une fascination puissante.

— Ça guérit, Mariette, reprend-elle ; et
puisque le feu purifie tout, ça doit redonner
la beauté. Joseph m'a laissée parce que je
suis devenue laide... Adieu, Mariette, je
vais me refaire belle !

Et, avant que l'apprentie ait eu le temps d'étendre le bras pour retenir sa maîtresse, la pauvre maîtresse avait fait un bond et recevait sur elle l'avalanche enflammée des branches, poutres et bûches, auxquelles elle avait donné, en sautant, une secousse déterminante et fatale.

Mariette crie, se gare un instant, puis l'instant d'après, court...

Mais elle ne peut rien, hélas ! devant cette fournaise qui dévore.

Elle appelle. Quelques veilleurs l'entendent. Des voisins accourent. On organise sans retard le sauvetage pour celle qui en avait si vaillamment sauvé une autre.

Bien vaines, toutes ces tentatives : on ne retira qu'un reste de cadavre de dessous les décombres calcinants.

Triste feu de joie !...

Mariette devient presque folle. Elle voyait toujours serpenter les langues ardentes du terrible bûcher et appelait constamment sa chère maîtresse pour l'empêcher de s'y précipiter.

Joseph, lui, comme si de rien n'était, avant la fin de l'année, demanda en mariage une autre payse, jolie, cossue, coquette, et l'obtint.

Il eut matière à regretter Nicolle.

Ce dénouement me pèse. Terminons vite ce récit, et n'envions pas ces fortunes des lâches cœurs.

www.ingramcontent.com/pod-product-compliance
Ingram Content Group UK Ltd.
Pitfield, Milton Keynes, MK11 3LW, UK
UKHW021640090726
13657UKWH00004B/1659